KB021160

Foreign Copyright:
Joonwon Lee Mobile: 82-10-4624-6629

Address: 3F, 127, Yanghwa-ro, Mapo-gu, Seoul, Republic of Korea 3rd Floor
Telephone: 82-2-3142-4151
E-mail: jwlee@cyber.co.kr

옥효진 선생님의 매일매일 문해력 왕 ②

2024. 6. 17.   초 판 1쇄 인쇄
2024. 6. 26.   초 판 1쇄 발행

지은이 | 옥효진
그 림 | 신경영
펴낸이 | 최한숙
펴낸곳 | BM 성안북스
주 소 | 04032 서울시 마포구 양화로 127 첨단빌딩 3층(출판기획 R&D 센터)
　　　　10881 경기도 파주시 문발로 112 파주 출판 문화도시 (제작 및 물류)
전 화 | 02) 3142– 0036
　　　　031) 950– 6300
팩 스 | 031) 955– 0510
등 록 | 1973. 2. 1. 제406–2005–000046호
출판사 홈페이지 | www.cyber.co.kr
이메일 문의 | smkim@cyber.co.kr
ISBN | 978–89–7067–445–2 (64710) / 978–89–7067–443–8 (set)
정 가 | 12,800원

이 책을 만든 사람들
총괄·진행 | 김상민
기획 | 북케어
본문·표지 디자인 | 정유정
홍보 | 김계향, 임진성, 김주승
국제부 | 이선민, 조혜란
마케팅 | 구본철, 차정욱, 오영일, 나진호, 강호묵
마케팅 지원 | 장상범
제작 | 김유석

이 책의 어느 부분도 저작권자나 BM 성안북스 발행인의 승인 문서 없이 일부 또는 전부를 사진 복사나
디스크 복사 및 기타 정보 재생 시스템을 비롯하여 현재 알려지거나 향후 발명될 어떤 전기적, 기계적 또는
다른 수단을 통해 복사하거나 재생하거나 이용할 수 없음.

■ **도서 A/S 안내**

성안당에서 발행하는 모든 도서는 저자와 출판사, 그리고 독자가 함께 만들어 나갑니다.
좋은 책을 펴내기 위해 많은 노력을 기울이고 있습니다. 혹시라도 내용상의 오류나 오탈자 등이
발견되면 **"좋은 책은 나라의 보배"**로서 우리 모두가 함께 만들어 간다는 마음으로 연락주시기
바랍니다. 수정 보완하여 더 나은 책이 되도록 최선을 다하겠습니다.
성안당은 늘 독자 여러분들의 소중한 의견을 기다리고 있습니다. 좋은 의견을 보내주시는 분께는
성안당 쇼핑몰의 포인트(3,000포인트)를 적립해 드립니다.
잘못 만들어진 책이나 부록 등이 파손된 경우에는 교환해 드립니다.

평생 문해력을 만드는 하루 네 장 공부 습관!

옥효진 선생님의 매일매일 문해력왕 ②

1교시 : 가족과 친척

2교시 : 날씨

3교시 : 맛과 느낌

4교시 : 하루

BM 성안북스

우리는 하루 동안 수없이 많은 말을 들어요. 엄마, 아빠가 나에게 해 주시는 말들, 학교에서 쉬는 시간 동안 친구들과 나누는 말, 선생님이 수업 시간에 해 주시는 설명들, 만화나 영화 같은 영상 속 등장인물들이 하는 말들을 듣죠. 또, 수없이 많은 글을 읽고 있어요. 재미있는 이야기책 속의 글들, 교과서에 적혀 있는 글들, 길을 걸어가며 보이는 안내문과 간판들. 우리는 말과 글에 둘러싸여 살아가고 있다고 할 수 있는 거죠. 그런데 여러분은 여러분이 보고 듣는 것들을 얼마나 이해하고 있나요? 말을 듣는다고 모든 말을 이해하는 것은 아니에요. 글을 읽는다고 모든 글을 이해하는 것도 아니죠.

우리가 듣는 말과 읽는 글을 이해하기 위해서는 문해력이 필요해요. 문해력이란 내가 읽는 글, 내가 쓰는 글, 내가 듣는 말, 내가 하는 말의 뜻을 이해하고 내 것으로 만드는 능력이에요. 여러분이 읽게 될 교과서 속 글들도, 수업 시간에 선생님이 하는 말씀도, 갖고 싶었던 장난감의 설명서를 읽고 장난감을 사용하는 것도

이 문해력 없이는 어려운 일이에요. 문해력이 있어야 여러분이 보고 듣는 것을 이해할 수 있죠. 다시 말하자면 문해력이 점점 자랄수록 여러분이 경험하고 이해할 수 있는 세상이 점점 넓어지는 것이랍니다.

그래서 문해력을 어릴 적부터 기르는 게 중요해요. 하지만 문해력은 글자를 읽고 쓸 줄 안다고 저절로 생기는 것은 아니에요. 많은 글을 읽으면서 글이 어떻게 쓰여 있는지, 이 글에 담겨 있는 뜻은 무엇인지를 이해하는 연습을 해야 해요. 유명한 운동선수가 매일매일 꾸준히 연습하고, 훈련을 하는 것처럼 말이에요. 오늘부터 선생님과 함께 매일매일 문해력을 기르는 연습을 해 보는 건 어떨까요? 여러분도 모르는 사이에 여러분이 문해력 왕이 되어 있을지도 몰라요. 그만큼 세상을 보는 여러분의 눈도 쑥쑥 자라 있겠죠.

이 책을 통해 여러분들의 문해력이 쑥쑥 자라나기를 바라요. 그리고 쑥쑥 자라난 문해력으로 이제 막 세상에 발걸음을 떼기 시작하는 여러분이 볼 수 있는 세상이 넓어지기를 바랍니다.

옥효진 선생님

초등 교과 전체에서 핵심 주제를 뽑아 어휘, 문법, 독해, 한자까지 익힐 수 있도록 일주일 프로그램으로 구성했습니다.

주제와 관련된 기본 어휘의 이해를 돕는 그림과 함께 익힐 수 있습니다.

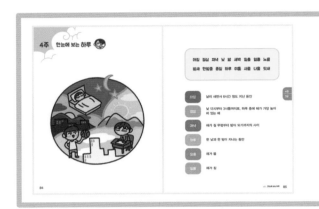

주제와 관련된 기본 어휘인 명사, 동사, 형용사를 배웁니다.

주제와 관련된 의성어, 의태어를 배웁니다.

낱말 확장은 물론 속담, 관용어까지 배웁니다.

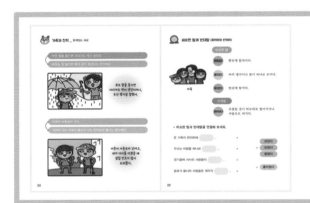

주제와 관련된 속담과 관용어를 익힙니다.

헷갈리기 쉬운 말, 잘못 쓰기 쉬운 말, 유의어, 반의어, 다의어, 동형어, 고유어, 외래어 등의 확장 낱말을 익힙니다.

7급, 8급 수준의 한자에서 추출한 문해력 핵심 한자를 배웁니다.

한 주에 1개의 핵심 한자와 연관된 한자어 5개를 학습합니다.

그림과 예시글을 통해 한자 사용의 이해를 높였습니다.

직접 써 보는 공간도 마련했습니다.

짧은 문장으로 시작해서 긴 문단 독해까지 독해력이 성장할 수 있도록 구성했습니다.

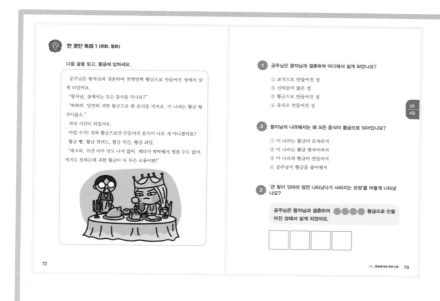

어순, 접속 부사, 종결형 문장, 시제, 높임말, 예사말, 피동, 사동, 부정 등을 익힐 수 있도록 했습니다.

주제와 관련된 확장 어휘를 사용하여 한 문장~세 문장 독해까지 완성된 문장을 만들 수 있도록 했습니다.

우화나 동화(문학), 생활에서 사용되는 지식글(비문학) 등 초등 교과에 담긴 12갈래 형식의 글을 통해 문제를 풀고 익힙니다.

※ 수학 개념을 적용한 문제까지 마련했습니다.

확인 학습을 통해 일주일간 학습한 내용을 복습합니다.

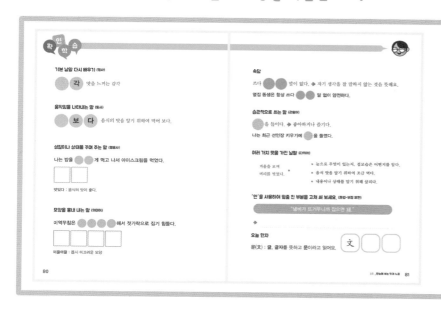

한 주간 배운 내용 중 핵심이 되는 내용을 추렸습니다.

일주일 안에 복습하는 공간을 만들어 학습한 내용을 장기 기억으로 저장할 수 있도록 했습니다.

1주

한눈에 보는 **가족과 친척**

2주

한눈에 보는 **날씨**

한눈에 보는

가족과 친척

가족 할아버지 할머니 아버지 어머니 형 누나 언니

오빠 동생 형제 자매 남매 친척 외동아들 외동딸

가족 부부를 중심으로 해서 자식과 부모처럼 일상생활을 함께하는 사람들

부모 아버지와 어머니를 함께 이르는 말

형제 형이나 오빠와 동생, 자매, 남매를 통틀어 이르는 말

자매 언니와 여동생 사이

남매 오빠와 여자 동생을 말하거나 누나와 남자 동생을 아울러 이르는 말

친척 아버지 쪽 가족과 어머니 쪽 가족을 다 같이 부르는 말

가족과 친척을 나타내는 말을 알아봅시다. (동사)

기억하다	지내다	방문하다	노력하다	챙기다
자라다	함께하다	어루만지다	지키다	조르다

지내다 어떤 장소에서 생활하면서 시간이 지나가게 하다.

자라다 살아 있는 것의 부분이나 전체가 점점 커지다.

지키다 약속, 예의, 규칙을 어기지 않고 그대로 하다.

방문하다 어떤 사람이나 장소를 찾아가서 만나거나 보다.

조르다 끈질기게 자꾸 요구하다.

챙기다 빠뜨리지 않고 잘 보살피다.

가족과 친척은 각각 어떤 일을 하는지 따라 써 보세요.

함께하다

방문하다

자라다

어루만지다

지내다

챙기다

가족과 친척의 성질이나 상태를 꾸며 주는 말을 알아봅시다. (형용사)

젊다	나이가 활기찰 때에 있다.
어리다	나이가 적다.
편안하다	편하고 걱정 없이 좋다.
지혜롭다	일의 뜻을 빨리 깨닫고 처리하는 능력이 있다.
정답다	따뜻한 정이 있다.
흐뭇하다	매우 만족스럽다.

어떤 말이 들어가야 할까요?

지혜　　**어리**　　**흐뭇**　　**정**

• 사촌들은 모두 나보다 　　　　　　다.

• 할머니는 참 　　　　　　로운 분이시다.

• 이모의 　　　　　　다운 목소리가 들린다.

• 할아버지께서 우리들을 　　　　　　하게 바라보신다.

한 문장 독해 _ 한 문장으로 된 글을 읽고, 물음에 답하세요.

우리 가족은 아빠, 엄마, 형, 나로 모두 네 명이다.

1. 우리 가족은 모두 몇 명인지 쓰세요.

....

형은 여름 방학 동안 키가 손바닥만큼 더 자랐다.

2. 형은 무엇이 자랐나요?

발 크기 / 키 / 몸무게 / 손 크기

엄마는 언제나 내 마음을 편안하게 해 주신다.

3. 엄마는 내 마음을 어떻게 해 주시나요?

편안하게 해 주신다. / 불편하게 하신다. / 재미있게 해 주신다.

두 문장 독해 _ 두 문장으로 된 글을 읽고, 물음에 답하세요.

미국에서 친척 형이 놀러 왔다.
5년 만에 보는 거라서 기억은 잘 안 나지만 반갑게 맞아 주었다.

1. 미국에서 온 사람은 누구인지 쓰세요.

....

"언니, 할아버지는 어쩜 저렇게 지혜로우실까?"
"내 생각에는 책을 많이 읽으셔서 그런 것 같아."

2. 할아버지는 어떤 분인가요?

> 부지런한 분 / 지혜로운 분 / 까다로운 분

나는 겨울이 되면 할머니 댁에 자주 놀러 간다.
할머니 댁은 눈이 많이 내리는 지역이기 때문이다.

3. 할머니 댁은 어떤 곳인가요?

> 단풍이 지는 곳이다.
> 눈이 많이 내리는 곳이다.
> 바다와 가까운 곳이다.

세 문장 독해 _ 세 문장으로 된 글을 읽고, 물음에 답하세요.

여름 방학에 시골 삼촌 집에 가면 밤마다 보는 것이 있다.
불빛이 별로 없는 시골이 도시보다 더 캄캄해서 볼 수 있는 것이다.
그건 바로 밤하늘에 쏟아질 듯 반짝이는 수없이 많은 별이다.

1. 나는 여름 방학 때 어디에 가나요?

....

2. 시골은 도시보다 밤에 더 어떤가요?

....

3. 시골 밤하늘에 쏟아질 듯 많이 보이는 것은 무엇인가요?

....

소리를 흉내 내는 말 (의성어)

- 할아버지께서  웃으시면 나도 따라 웃게 된다.

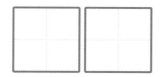

껄껄 : 매우 시원스럽고 우렁찬 목소리로 웃는 소리

- 아기는 어느새 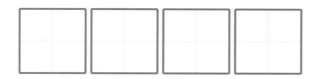 잠에 빠졌어요.

쌔근쌔근 : 고르지 아니하고 가쁘게 자꾸 숨 쉬는 소리나 모양

- 사촌 동생이 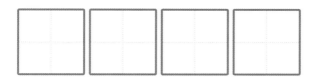 말하는 모습이 귀여워요.

쫑알쫑알 : 여자나 어린아이가 조금 떠들썩하게 이야기하는 소리

- 아빠가 뉴스를 보시다가 혀를 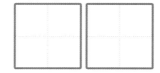 차셨다.

쯧쯧 : 못마땅하거나 가엾다는 뜻으로 혀를 차는 소리

부모 말을 들으면 자다가도 떡이 생긴다.

말씀을 잘 들으면 좋은 일이 생긴다는 뜻이에요.

부모 말을 들으면
자다가도 떡이 생긴다더니,
우산 챙기길 잘했어.

이웃이 사촌보다 낫다.

가까이 사는 이웃이 멀리서 사는 친척보다 좋다는 말이에요.

이웃이 사촌보다 낫다고,
내가 다리를 다쳤을 때
옆집 민호가 많이
도와줬다.

가족과 친척 _ 관계있는 습관적으로 쓰는 말 (관용어)

눈에 넣어도 아프지 않다.

매우 귀엽다.

내 동생은
눈에 넣어도 아프지 않을 만큼
사랑스럽다.

사돈의 팔촌

남이나 다름없는 먼 친척

엄마는 사돈의 팔촌까지
다 챙기시는
다정한 분이시다.

비슷한 말과 반대말 (유의어와 반의어)

비슷한 말

모이다 한곳에 합쳐지다.

뭉치다 여러 생각이나 힘이 하나로 모이다.

모으다 한곳에 합치다.

반대말

흩어지다 모였던 것이 따로따로 떨어지거나 사방으로 퍼지다.

가족

• 비슷한 말과 반대말을 연결해 보세요.

온 가족이 한자리에 _____. •

우리는 마음을 하나로 _____. •

경기장에 서서히 사람들이 _____. •

발표가 끝나자 사람들은 제각각 _____. •

모았다

• 모였다

뭉쳤다

• 흩어졌다

밑줄 친 예사말을 높임말로 고쳐 써 보세요. (문법-높임말과 예사말)

높임말은 사람이나 사물을 높여서 이르는 말로 주로 웃어른께 공경하는 마음을 담아 하는 말이에요.

예사말은 높이거나 낮추는 말이 아닌 보통 말로 주로 친구나 나이가 어린 사람에게 하는 말이에요.

➡ 잡수다 : '먹다'의 높임말

모시고   잡수세요   오셨어요   가셨어요

"아빠, 과일 <u>먹어요</u>."

➡

....

할아버지께서 시골에서 <u>왔어요</u>.

➡

....

"오늘은 병원에 할머니를 <u>데리고</u> 가야 해."

➡

....

엄마는 미용실에 <u>갔어요</u>.

➡

....

다음 글을 읽고, 물음에 답하세요.

아버지는 늘 싸우는 세 아들 때문에 걱정이 많았어요.

하루는 세 아들에게 막대기 다발을 주며 말했어요.

"이것을 한 번에 부러뜨려 보아라."

세 아들은 아무리 애를 써도 부러뜨릴 수 없었어요.

"이번에는 하나씩 부러뜨려 보겠니?"

막대기는 쉽게 부러졌어요.

"얘들아. 이 막대기 다발처럼 너희들이 힘을 합친다면 무슨 일이든 할 수 있고, 어떤 일이든 막아 낼 수 있단다. 하지만 하나씩 흩어져 버리면 아무 힘도 쓸 수 없어지지."

1 아버지가 세 아들에게 교훈을 주기 위해 준비한 것은 무엇인가요?

① 막대기 다발   ② 회초리 다발

③ 나뭇가지 한 개   ④ 부러진 막대기

2 막대기 다발에서 얻을 수 있는 교훈이 <u>아닌</u> 것은 무엇인가요?

① 힘을 합치면 무슨 일이든 할 수 있다.

② 흩어져 버리면 아무 힘도 쓸 수 없다.

③ 힘을 합치면 어떤 일이든 막아 낼 수 있다.

④ 흩어지면 더 큰 힘이 생겨난다.

3 막대기 수의 크기를 비교해 보세요.

> 막대기 3개   막대기 1개

• ⬭ 는 ⬭ 보다 큽니다.

• ⬭ 는 ⬭ 보다 작습니다.

다음 글을 읽고, 물음에 답하세요.

늘어나는 1인 가구

2050년이면 다섯 집 중 두 집이, 오직 나 혼자 사는 '1인 **가구**'가 된다는 조사가 있습니다.

자식이 없이 부부끼리만 사는 집도 20%를 넘어서게 되고, 가족의 본보기처럼 여겨지던 부부와 자녀 구성인 '핵가족' 또한 급격히 줄어든다고 합니다.

할아버지, 할머니와 함께 사는 한국의 전통적인 '대가족 제도'는 이제 교과서 속의 역사로 남을 날이 머지않아 보입니다.

김영희 기자

가구 : 지금 같이 사는 사람의 집단을 세는 단위를 말해요.

오직 나 혼자 사는 것을 무엇이라고 하나요?

① 대가족

② 핵가족

③ 부부 가족

④ 1인 가구

② 가족의 본보기처럼 여겨지던 가족 구성은 어떤 것인가요?

① 부부와 자녀 구성인 핵가족

② 혼자 사는 집

③ 전통적인 대가족

④ 부부끼리만 사는 집

③ 여러 형태의 가족 제도를 나타낸 말입니다. 빈칸을 채워 보세요.

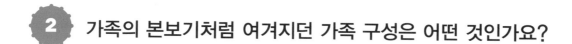

대가족 제도   핵가족   1인 가구

• 나 혼자 사는

• 부부와 자녀 구성의

• 할아버지, 할머니와 함께 사는 한국의 전통적인

年

년(年) 해, 나이, 때를 뜻하고
년, 연이라고 읽어요.

 다음 낱말을 큰 소리로 읽어 보세요.

연세 학년 소년

작년 천년만년

이 글자는 볏단을 등에 지고 가는 사람 모양이에요.

모양	뜻	소리
年	해, 나이, 때	년, 연

쓰는 순서와 쓰기

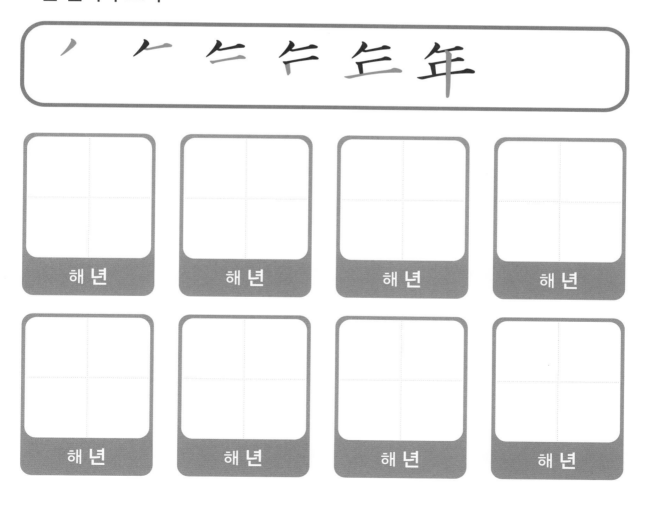

해 년	해 년	해 년	해 년

해 년	해 년	해 년	해 년

낱말에 년, 연(年)이 숨어 있으면, 그 낱말에는 '해'의 뜻이 들어 있어요.

낱말에 똑같이 들어 있는 글자에 동그라미 하세요.	낱말에 숨어 있는 같은 한자에 동그라미 하세요.
	年세 나이의 높임말
연세	
	학年 일 년간의 학습 단위
학년	
	소年 아직 다 자라지 않은 어린 남자아이
소년	
	작年 이 해의 바로 앞의 해
작년	
	천年만年 천만년 또는 천 년과 만 년의 뜻으로, 아주 오랜 세월
천년만년	

공통 글자는 무엇인지 써 보세요.	공통 한자는 무엇인지 써 보세요.

해 년(年)이 숨어 있는 낱말에 동그라미 하고 써 보세요. (5개)

할아버지의 연세는 70세로 노인 대학 2학년 학생이시다. 반짝이는 눈빛으로 공부하시는 할아버지는 소년 같다. 건강도 좋으셔서 작년에는 지역 마라톤 대회에 참가하셨을 정도다. 계속 건강하셔서 할아버지가 내 곁에 천년만년 계셨으면 좋겠다.

연　　／　　년　／　　년

　　년　／　　년　년

기본 낱말 다시 배우기 (명사)

 족　부부를 중심으로 해서 자식과 부모처럼 일상생활을 함께하는 사람들

움직임을 나타내는 말 (동사)

자  다　살아 있는 것의 부분이나 전체가 점점 커지다.

성질이나 상태를 꾸며 주는 말 (형용사)

할머니는 참 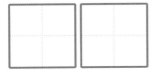 로운 분이시다.

지혜롭다 : 일의 뜻을 빨리 깨닫고 처리하는 능력이 있다.

소리를 흉내 내는 말 (의성어)

사촌 동생이  말하는 모습이 귀여워요.

쫑알쫑알 : 여자나 어린아이가 조금 떠들썩하게 이야기하는 소리

속담

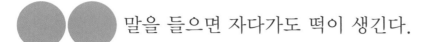

● ● 말을 들으면 자다가도 떡이 생긴다.

➡ 말씀을 잘 들으면 좋은 일이 생긴다는 뜻이에요.

● ● 말을 들으면 자다가도 떡이 생긴다더니, 우산 챙기길 잘했어.

습관적으로 쓰는 말 (관용어)

● 에 넣어도 아프지 않다. ➡ 매우 귀엽다.

내 동생은 ● 에 넣어도 아프지 않을 만큼 사랑스럽다.

비슷한 말과 반대말 (유의어와 반의어)

온 가족이 한자리에 [모였다] [흩어졌다] .

발표가 끝나자 사람들은 제각각 [모였다] [흩어졌다] .

밑줄 친 예사말을 높임말로 고쳐 써 보세요. (문법-높임말과 예사말)

[할아버지께서 시골에서 <u>왔어요</u>.]

➡ ....

오늘 한자

년(年) : 해, 나이, 때를 뜻하고
　　　　년, 연이라고 읽어요.

2주

한눈에 보는
날씨

일기 예보　날씨　해　비　구름　바람　태풍　번개

무지개　　온도　　습도　　강수량　　강우량　　기후

일기 예보　날씨의 변화를 예상해서 미리 알리는 일

날씨　그날그날의 비, 구름, 바람, 기온이 나타나는 상태

태풍　보통 여름에 발생하는 아주 거센 비와 바람

습도　공기 중에 수증기가 들어 있는 정도

강수량　비, 눈, 우박, 안개가 정해진 기간 동안 정해진 곳에 내린 물을 모두 합한 양

강우량　정해진 기간 동안 정해진 곳에 내린 비의 양

날씨를 나타내는 말을 알아봅시다. (동사)

불다	비치다	퍼붓다	내리다	몰려오다
쬐다	말리다	널다	떨다	흔들리다

불다　바람이 일어나서 어느 방향으로 움직이다.

비치다　빛이 나서 환하게 되다.

퍼붓다　마구 쏟아지다.

내리다　눈이나 비가 오다.

쬐다　햇볕이나 불기운을 몸에 받다.

흔들리다　위와 아래, 앞과 뒤로 계속 움직이다.

 맑음과 바람은 각각 어떤 일을 하는지 따라 써 보세요.

비치다

쬐다

말리다

불다

떨다

흔들리다

날씨의 성질이나 상태를 꾸며 주는 말을 알아봅시다. (형용사)

맑다	구름이나 안개가 끼지 않고 햇빛이 밝다.
흐리다	하늘에 구름이나 안개가 끼어서 햇빛이 밝지 못하다.
화창하다	날씨나 바람이 부드럽고 맑다.
궂다	비나 눈이 내려서 날씨가 나쁘다.
환하다	빛이 비치어 맑고 밝다.
캄캄하다	아주 까맣게 어둡다.

 어떤 말이 들어가야 할까요?

(궂)　(캄캄)　(환)　(화창)

- 거실에 　　　　　하게 해가 들어온다.

- "하늘이 구름 한 점 없이 　　　　　하구나!"

- "해가 지고 하늘이 　　　　　해졌어."

- 며칠째 비바람이 치는 　　　　　은 날씨이다.

한 문장 독해 _ 한 문장으로 된 글을 읽고, 물음에 답하세요.

아빠는 매일 일기 예보를 확인하신다.

1. 아빠가 매일 확인하시는 것을 쓰세요.

....

갑자기 소나기가 내려서 옷이 다 젖어 버렸어요.

소나기 : 갑자기 강하게 내리다가 금방 그치는 비

2. 옷이 젖은 것은 무엇 때문인가요?

눈이 내려서 / 바람이 불어서 / 소나기가 내려서

멀리서 먹구름이 몰려오더니 화창했던 하늘이 어두컴컴해졌다.

3. 하늘이 어두컴컴해진 이유는 무엇인가요?

먹구름이 몰려왔다. / 바람이 많이 불었다. / 비가 내렸다.

두 문장 독해 _ 두 문장으로 된 글을 읽고, 물음에 답하세요.

> 하늘에서 번쩍 번개가 쳤다.
> 뒤이어 천둥소리가 엄청나게 크게 들렸다.

1. 번개가 치고 나서 크게 들린 것이 무엇인지 쓰세요.

. . . .

> "누나, 오늘은 바람도 솔솔 불고 날씨가 정말 좋아."
> "응. 하늘에 구름도 예쁘게 떠다니네."

2. 누나가 본 것은 무엇인가요?

> 바람 / 해 / 구름 / 날씨

> 오늘은 바람이 굉장히 많이 불었어요.
> 그래서 예쁘게 피어 있던 벚꽃의 꽃잎들이 거의 다 떨어졌어요.

3. 오늘 벚꽃은 어떻게 되었나요?

> 꽃잎들이 거의 다 떨어졌어요.
> 바람이 많이 불었어요.
> 더욱 예쁘게 피어났어요.

제비가 낮게 날면 비가 온다는 말이 있습니다.
비가 오기 전 땅의 습도가 높아지면 숨을 쉬기 위해 벌레들이 흙에서 나옵니다.
그러면 제비는 그것을 잡아먹기 위해 낮게 날기 때문에 나온 말입니다.

1. 제비가 낮게 날면 어떻게 되나요?

....

2. 습도가 높은 땅에서 벌레들이 나오는 이유는 무엇인가요?

....

3. 제비는 무엇을 잡아먹으려고 낮게 나나요?

....

소리를 흉내 내는 말 (의성어)

- 할머니 댁 지붕 위로 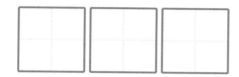 빗방울 소리가 들렸다.

토도독 : 빗방울 따위가 바닥이나 나뭇잎 위에 세게 떨어지는 소리

- 쌓인 눈을 밟을 때마다 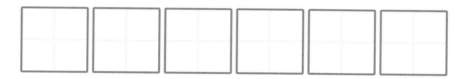 소리가 나요.

뽀드득뽀드득 : 쌓인 눈을 약간 세게 여러 번 밟을 때 야무지게 나는 소리

- 찬 바람이 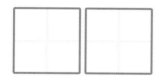 불어서 외투의 단추를 단단히 잠갔다.

쌩쌩 : 바람이 세차게 스쳐 지나가는 소리

- 창밖에 장맛비가 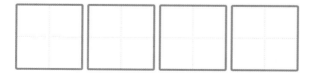 내리고 있어요.

주룩주룩 : 굵은 물줄기나 빗물이 빠르게 계속 흐르거나 내리는 소리

 **날씨 _** 관계있는 속담

눈 위에 서리 친다.

어려운 일이 계속되는 것을 말해요.

서리 : 수증기가 얇게 얼어붙은 것

다리가 낫자마자
팔을 다치다니.
눈 위에 서리가 치는구나.

비 온 뒤에 땅이 굳어진다.

어려운 일을 겪고서 마음이 강해지는 것을 뜻해요.

비 온 뒤에
땅이 굳어진다고 했어.
기운 내!

날씨 _ 관계있는 습관적으로 쓰는 말 (관용어)

벼락 치듯

아주 빠르게

내일 개학

방학 숙제는
벼락 치듯 해서
될 일이 아니다.

뜬구름 잡다.

황당하고 쓸모없는 것을 바라다.

우주의 크기를
정확히 잰다는 건
뜬구름 잡는 생각이야.

글자만 같은 서로 다른 낱말 (동형어)

태양을
이르는 말

이롭지 않게
하거나
나쁘게 하는 것

'바다'의 뜻을
가진 글자

● 어떤 '해'인지 번호를 써 보세요.

놀이터에서 놀다 보니 벌써 해가 졌다.

우리나라 동해는 남해보다 바다의 색깔이 더 짙다.

이 벌레는 텃밭의 채소에 해를 입힌다.

46

피동 표현과 사동 표현을 사용하여 문장을 완성해 보세요. (문법-피동과 사동)

피동은 다른 사람이나 사물에 의해서 움직이는 것을 말해요.
➜ **도둑이 경찰에게 쫓겼다.**

사동은 직접 하는 것이 아니라, 다른 사람이나 사물에 어떤 동작을 하게 하는 것을 말해요.
➜ **햇살이 얼음을 녹였어요.**

2주
3일

녹였어요   쓰러뜨렸어요   떨어뜨렸어요   얼렸어요

벚꽃 잎이 봄바람에 떨어졌어요.

➜ 봄바람이 벚꽃 잎을 ⬚ .

호수가 겨울 날씨에 얼었어요.

➜ 겨울 날씨가 호수를 ⬚ .

아이스크림이 무더위에 녹았어요.

➜ 무더위가 아이스크림을 ⬚ .

나무가 번개에 쓰러졌어요.

➜ 번개가 나무를 ⬚ .

한 문단 독해 1 (우화, 동화)

다음 글을 읽고, 물음에 답하세요.

> "누가 먼저 나그네의 외투를 벗기는지 내기해 보자. 내 바람은 힘이 세니까, 훨씬 빠를걸."
>
> 후! 바람은 자신만만하게 힘껏 내뿜었어요.
>
> "어이쿠, 추워."
>
> 그런데 나그네는 오히려 외투를 더 꽁꽁 싸매는 게 아니겠어요?
>
> "이번에는 내 차례지?"
>
> 해님은 미소 지으며 나그네에게 따뜻한 햇빛을 비추었어요.
>
> "따뜻해서 좋구나. 외투도 벗어 볼까?"
>
> 나그네는 외투를 벗어 팔에 척 걸쳤고, 해님은 이겼다는 듯 활짝 웃었어요.
>
>

1 바람과 해님은 무슨 내기를 했나요?

① 나그네의 외투를 꽁꽁 싸매게 하기
② 나그네의 외투를 먼저 벗기기
③ 가장 센 바람 내뿜기
④ 나그네를 미소 짓게 하기

2 나그네는 왜 외투를 더 꽁꽁 싸맸을까요?

① 바람 때문에 추워서   ② 해님 때문에 따뜻해서
③ 바람이 무서워서   ④ 햇볕이 내리쬐어서

3 바람이 '힘껏 바람을 내뿜는 소리'를 어떻게 나타냈나요?

! 바람은 자신만만하게 힘껏 내뿜었어요.

 !

다음 글을 읽고, 물음에 답하세요.

소나기가 내린 뒤에 햇빛이 나면, 하늘 위에 그려지는 일곱 색깔 무지개는 어떻게 만들어지는 것일까요?

무지개는 공기 속의 물방울과 햇빛이 함께 만들어 냅니다.

우리 눈으로 구분하기는 힘들지만, 햇빛은 여러 가지 색깔이 섞여 있어요.

빛이 작은 물방울을 통과하면서 흩어지고, 흩어진 빨강, 주황, 노랑, 초록, 파랑, 남색, 보라 색깔의 순서로 빛들이 조금씩 다르게 꺾이면서 아름다운 무지개로 보이는 것이랍니다.

이 글은 무엇을 설명하는 글인가요?

① 무지개를 잘 보는 방법

② 하늘 위에 무지개를 그리는 법

③ 소나기가 내리는 원리

④ 무지개가 만들어지는 방법

2 **무지개는 어떤 것들이 함께 만들어 내는 것일까요?**

① 공기와 햇빛

② 소나기와 물방울

③ 물방울과 햇빛

④ 햇빛과 색깔

3 **무지개의 색깔 규칙을 완성해 보세요.**

> 흩어진 빨강, 주황, 노랑, 초록, 파랑, 남색, 보라 색깔의
> 순서로 빛들이 조금씩 다르게 꺾이면서 아름다운 무지개
> 로 보이는 것이랍니다.

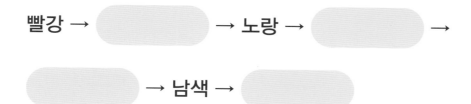

빨강 → ⬜ → 노랑 → ⬜ →

⬜ → 남색 → ⬜

외(外) 바깥을 뜻하고
외라고 읽어요.

 다음 낱말을 큰 소리로 읽어 보세요.

야외 자외선 외모

외면 외출

이 글자는 달빛에 가려진 구름과 막대기의 모양이에요.

모양	뜻	소리
外	바깥	외

쓰는 순서와 쓰기

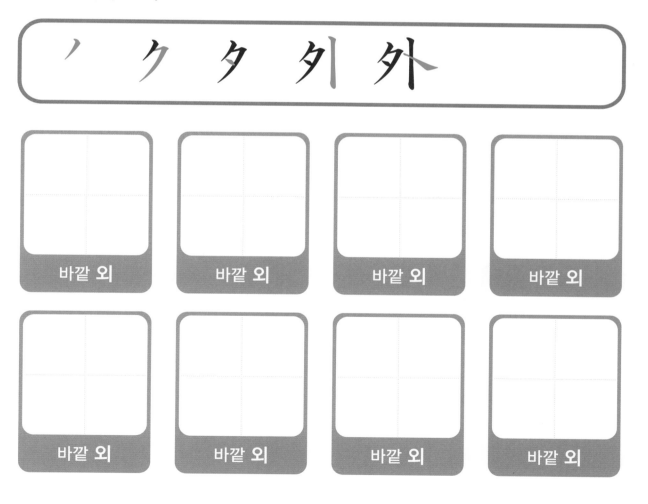

낱말에 외(外)가 숨어 있으면 그 낱말에는 '바깥'의 뜻이 들어 있어요.

낱말에 똑같이 들어 있는 글자에 동그라미 하세요.	낱말에 숨어 있는 같은 한자에 동그라미 하세요.
	야外 집이나 건물의 바깥
야외	
자외선	**자外선** 태양 빛, 살균 작용을 하지만 눈이나 피부에는 좋지 않음
외모	**外모** 겉모양, 얼굴 모양
외면	**外면** 마주치기 싫어서 얼굴을 돌림
외출	**外출** 밖으로 나감, 나들이 함

공통 글자는 무엇인지 써 보세요.	공통 한자는 무엇인지 써 보세요.

바깥 외(外)가 숨어 있는 낱말에 동그라미 하고 써 보세요. (5개)

날씨가 좋아서 야외로 나왔다. 자외선은 눈에 나쁘니 선글라스
도 챙겼다. 아빠한테도 씌워 드렸는데 멋있었다. 역시 외모는
가꾸기 나름이라니까! 바쁘지만 같이 놀고 싶어 하는 내 눈빛을
외면할 수 없었다며 앞으로는 자주 외출하자고 약속하셨다.

기본 낱말 다시 배우기 (명사)

일 ◯ 예 보   날씨의 변화를 예상해서 미리 알리는 일

움직임을 나타내는 말 (동사)

◯ 치 다   빛이 나서 환하게 되다.

성질이나 상태를 꾸며 주는 말 (형용사)

"해가 지고 하늘이 ◯◯해졌어."

캄캄하다 : 아주 까맣게 어둡다.

소리를 흉내 내는 말 (의성어)

쌀인 눈을 밟을 때마다 ◯◯◯◯◯◯ 소리가 나요.

뽀드득뽀드득 : 쌓인 눈을 약간 세게 여러 번 밟을 때 야무지게 나는 소리

속담

비 온 뒤에 ● 이 굳어진다. ➡ 어려운 일을 겪고서 마음이 강해지는 것을 뜻해요.

비 온 뒤에 ● 이 굳어진다고 했어. 기운 내!

습관적으로 쓰는 말 (관용어)

● ● ● 잡다. ➡ 황당하고 쓸모없는 것을 바라다.

우주의 크기를 정확히 잰다는 건 ● ● ● 잡는 생각이야.

글자만 같은 서로 다른 낱말 (동형어)

놀이터에서 놀다 보니
벌써 해가 졌다.　●

- 태양을 이르는 말
- 이롭지 않게 하거나 나쁘게 하는 것
- '바다'의 뜻을 가진 글자

피동 표현과 사동 표현을 사용하여 문장을 완성해 보세요. (문법-피동과 사동)

나무가 번개에 쓰러졌어요.

➡　번개가 나무를 　　　　　　　.

오늘 한자

외(外) : 바깥을 뜻하고 **외**라고 읽어요.

3주

한눈에 보는

맛과 느낌

혀　미각　맛　단맛　쓴맛　짠맛　매운맛

신맛　　떫은맛　　감칠맛　　장맛　　무맛

혀	동물의 입안 아래쪽에 있는 길고 둥근 살로 맛을 느끼거나 소리를 냄
미각	맛을 느끼는 감각
맛	음식을 혀에 댈 때에 느끼는 감각
신맛	식초와 같은 맛
감칠맛	입맛을 더 생기게 해 주는 맛있는 맛
무맛	아무 맛도 없음

맛과 느낌을 나타내는 말을 알아봅시다. (동사)

먹다	뱉다	맛보다	삼키다	고프다
핥다	대다	느끼다	내다	토하다

뱉다   입속에 있는 것을 입 밖으로 내보내다.

맛보다   음식의 맛을 알기 위하여 먹어 보다.

핥다   혀가 물체의 겉면에 살짝 닿으면서 지나가게 하다.

대다   무엇을 어디에 닿게 하다.

느끼다   눈, 코, 입, 피부를 통하여 맛이나 냄새, 아픔을 알게 되다.

내다   연기나 소리를 밖으로 드러내다.

맛과 혀는 각각 어떤 일을 하는지 따라 써 보세요.

먹다

맛보다

삼키다

대다

느끼다

내다

62

맛과 느낌의 성질이나 상태를 꾸며 주는 말을 알아봅시다. (형용사)

맛있다	음식의 맛이 좋다.
맛없다	음식의 맛이 나지 않거나 좋지 않다.
맵다	고추나 겨자와 같이 맛이 알알하다.
쓰다	혀로 느끼는 맛이 한약이나 씀바귀의 맛과 같다.
매끄럽다	거침없이 저절로 밀리어 나갈 정도이다.
거칠다	나무나 살결의 겉면이 곱지 않고 험하다.

 어떤 말이 들어가야 할까요?

거칠	쓰	맛있	매끄

• 엄마가 좋아하는 커피는   기만 하다.

• 아빠의 손이   어서 로션을 발라 드렸다.

• 동생의 피부가 깐 달걀처럼   럽다.

• 나는 밥을   게 먹고 나서 아이스크림을 먹었다.

한 문장 독해 _ 한 문장으로 된 글을 읽고, 물음에 답하세요.

나는 달콤한 과일을 간식으로 먹었다.

1. 내가 간식으로 먹은 것을 쓰세요.

....

동생은 쓴 감기약이 혀에 닿자마자 얼굴을 찡그렸어요.

2. 동생은 무엇을 먹고 얼굴을 찡그렸나요?

쓴 감기약 / 단 감기약 / 매운 감기약

나는 오늘 점심을 조금 먹어서 금방 배가 고파졌다.

3. 배가 고픈 이유는 무엇인가요?

점심을 많이 먹었다. / 저녁을 조금 먹었다. / 점심을 조금 먹었다.

두 문장 독해 _ 두 문장으로 된 글을 읽고, 물음에 답하세요.

나는 매운 음식을 잘 못 먹는다.
그런데 우리 언니는 매운 음식을 아주 좋아한다.

1. 나는 무엇을 잘 못 먹는지 쓰세요.

"엄마, 미역국을 어떻게 끓이시길래 이렇게 맛있어요?"
"호호. 맛을 내는 엄마만의 방법이 있지!"

2. 엄마가 맛있게 만든 음식은 무엇인가요?

떡국 / 미역국 / 콩나물국 / 된장국

푸릇푸릇하고 단단한 감을 먹었는데 혀가 얼얼한 느낌이 들었다.
아빠는 덜 익은 감에서 나는 떫은맛이라고 하셨다.

3. 덜 익은 감을 먹으면 어떤 느낌이 드나요?

혀가 얼얼한 느낌이 들었다.
혀가 간질간질한 느낌이 들었다.
혀가 아픈 느낌이 들었다.

세 문장 독해 _ 세 문장으로 된 글을 읽고, 물음에 답하세요.

> 맛의 기본은 단맛, 쓴맛, 짠맛, 신맛의 4가지이다.
> 입 안에서 이런 맛을 느끼는 부분은 혀이다.
> 맛은 혀의 전체가 모든 맛을 느낄 수 있다고 한다.

1. 맛의 기본 4가지는 무엇인가요?

....

2. 입 안에서 맛을 느끼는 부분은 어디인가요?

....

3. 혀의 어느 부분이 모든 맛을 느낄 수 있나요?

....

모양을 흉내 내는 말 (의태어)

- 이 가게의 갈비찜은 고기가 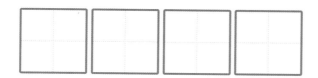 해서 맛있다.

보들보들 : 닿는 느낌이 매우 보드라운 모양

- 감이 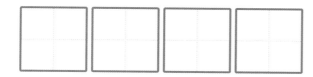 해서 할머니께서 맛있게 드셨어요.

몰랑몰랑 : 여기저기가 보드랍고 조금 무른 느낌

- 겨울에는 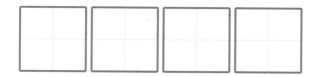 한 담요를 찾는다.

포근포근 : 도톰한 물건이 매우 보드랍고 따뜻한 느낌

- 미역무침은 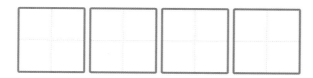 해서 젓가락으로 집기 힘들다.

미끌미끌 : 몹시 미끄러운 모양

맛과 느낌 _ 관계있는 속담

쓰다 달다 말이 없다.

자기 생각을 잘 말하지 않는 것을 뜻해요.

옆집 동생은
항상 쓰다 달다
말 없이 얌전하다.

첫술에 배부르랴.

어떤 일이든 한 번에 만족할 수는 없다는 말이에요.

술 : 밥처럼 음식물을 숟가락으로 떠 그 양을 세는 단위

첫술에 배부를 순 없지.
연습하면 더 잘하게 될 거야.

맛과 느낌 _ 관계있는 습관적으로 쓰는 말 (관용어)

맛을 들이다.

좋아하거나 즐기다.

나는 최근
선인장 키우기에
맛을 들였다.

입이 달다.

입맛이 당기어 음식이 맛있다.

나는 요즘 입이 달아
뭘 먹어도 맛있다.

여러 가지 뜻을 가진 낱말 (다의어)

1 보다

눈으로 무엇이
있는지, 겉모습은
어떤지를 알다.

2 보다

음식 맛을
알기 위하여
조금 먹다.

3 보다

내용이나
상태를 알기 위해
살피다.

- 어떤 '보다'인지 번호를 써 보세요.

떡볶이가 얼마나 매운지 맛보았다.

"건널목을 건널 때는 신호등을 잘 봐야 해."

거울을 보며 머리를 빗었다.

'안'을 사용하여 밑줄 친 부분을 고쳐 써 보세요. (문법-부정 표현)

> **안 부정문**은 할 수 있지만, 자신의 의지로 하지 않을 때 사용하는 부정 표현이에요.
>
> ➜ 꽃이 <u>안 예쁘다</u>.

> "이 라면은 너무 매워서 <u>먹고 싶어</u>."

➜ ....

> "냄비가 뜨거우니까 잡으면 <u>돼</u>."

➜ ....

> 솜사탕은 달콤하고 맛있지만, 건강에는 <u>좋아요</u>.

➜ ....

> "그 사탕은 신맛이 나서 <u>먹을래</u>."

➜ ....

다음 글을 읽고, 물음에 답하세요.

공주님은 왕자님과 결혼하여 번쩍번쩍 황금으로 만들어진 성에서 살게 되었어요.

"왕자님, 성에서는 무슨 음식을 먹나요?"

"하하하. 당연히 귀한 황금으로 된 음식을 먹지요. 이 나라는 황금 왕국이잖소."

저녁 시간이 되었어요.

이럴 수가! 진짜 황금으로만 만들어진 음식이 나온 게 아니겠어요?

황금 빵, 황금 샐러드, 황금 치킨, 황금 과일.

"배고파. 이건 아무 맛도 나지 않아. 게다가 딱딱해서 씹을 수도 없어. 먹지도 못하는데 귀한 황금이 다 무슨 소용이람!"

1 공주님은 왕자님과 결혼하여 어디에서 살게 되었나요?

① 보석으로 만들어진 성

② 신하들이 많은 성

③ 황금으로 만들어진 성

④ 유리로 만들어진 성

2 왕자님의 나라에서는 왜 모든 음식이 황금으로 되어있나요?

① 이 나라는 황금이 모자라서

② 이 나라는 황금 왕국이라서

③ 이 나라의 황금이 맛있어서

④ 공주님이 황금을 좋아해서

3 '큰 빛이 잇따라 잠깐 나타났다가 사라지는 모양'을 어떻게 나타냈나요?

공주님은 왕자님과 결혼하여 ⬤⬤⬤⬤ 황금으로 만들어진 성에서 살게 되었어요.

☐☐☐☐

다음 글을 읽고, 물음에 답하세요.

문해 식품, '대왕맵라면' 새로운 광고 공개 예정

최철수 기자 2025.01.29

매운맛의 유행을 이어 간다!

10년째 매운 라면 1위 자리를 지키고 있는 '대왕맵라면'은 새로운 모델로 최고 인기 **래퍼**인 '미스터 신'을 내세워 '매운맛의 최고봉! 매운맛의 자부심!' 광고를 선보인다.

이번 광고는 '대왕맵라면'의 **원조**인 한강 시장 김팔복 할머니의 '빨간 라면'을 화끈한 영상으로 표현했고, '미스터 신'의 강렬한 **랩**이 '대왕맵라면'의 매운맛을 효과적으로 전달한다.

래퍼 : 랩 음악을 전문적으로 하는 가수를 말해요.
원조 : 어떤 일을 처음으로 시작한 사람을 말해요.
랩 : 반복적인 리듬에 따라 소리에 높낮이를 줘서 말하듯이 노래하는 음악이에요.

이 광고는 무엇을 판매하기 위한 광고인가요?

① 빨간 라면 ② 대왕맵라면

③ 미스터 신 ④ 매운맛의 최고봉

 '대왕맵라면' 광고에 대한 설명이 <u>아닌</u> 것은 무엇인가요?

① 김팔복 할머니께서 직접 파신다.

② 대왕맵라면은 매운맛이다.

③ 래퍼인 '미스터 신'이 등장한다.

④ '미스터 신'은 새로운 모델이다.

 '대왕맵라면'이 10년째 1위 자리를 세 번 연이어 지킨다면 총 몇 년이 걸릴까요?

10년 + 10년 + 10년

10 + 10 + 10 = [　　　　] 년

文

문(文)　글, 글자를 뜻하고
문이라고 읽어요.

 다음 낱말을 큰 소리로 읽어 보세요.

문자　문장　문학

주문　문화

이 글자는 양팔을 크게 벌린 사람을 그린 모양이에요.

모양	뜻	소리
文	글, 글자	문

쓰는 순서와 쓰기

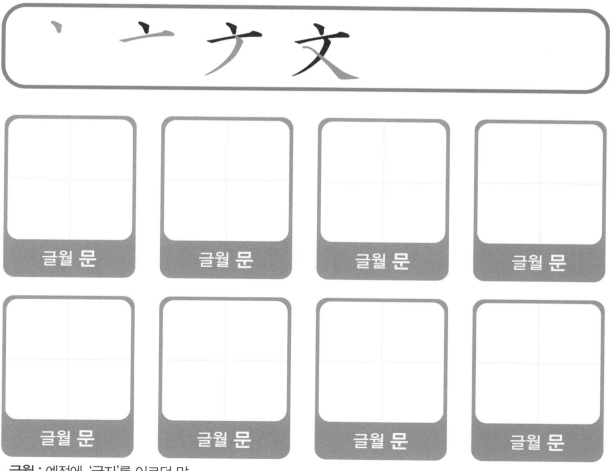

` 一 ナ 文

글월 문	글월 문	글월 문	글월 문
글월 문	글월 문	글월 문	글월 문

글월 : 예전에, '글자'를 이르던 말

낱말에 문(文)이 숨어 있으면 그 낱말에는 '글, 글자'의 뜻이 들어 있어요.

낱말에 똑같이 들어 있는 글자에 동그라미 하세요.	낱말에 숨어 있는 같은 한자에 동그라미 하세요.
문자	文자 인간의 언어를 적는 데 사용하는 기호
문장	文장 글로 표현할 때 제일 작은 단위
문학	文학 생각이나 감정을 언어로 표현한 예술, 작품
주문	주文 물건을 파는 사람에게 사거나, 배달해 달라고 요구하는 것
문화	文화 사회를 구성하는 사람들의 의식주를 비롯한 언어, 풍습, 종교, 학문, 예술, 제도

공통 글자는 무엇인지 써 보세요.	공통 한자는 무엇인지 써 보세요.

3주
5일

문자가 하나씩 모여 아름다운 문장을 이루고, 그렇게 탄생한 문학 작품을 읽는 것을 좋아한다. 서점에 주문한 책이 집에 도착하면 설렌다. 요즘의 빠르고 화려한 문화 속에서 문학의 손을 잡고 느리게 걷는 건 어떨까?

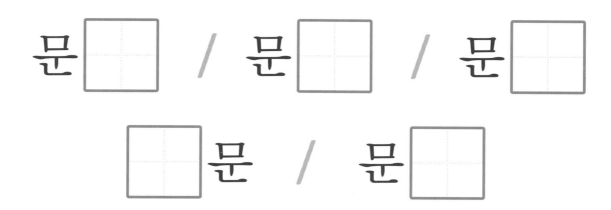

기본 낱말 다시 배우기 (명사)

 **각** 맛을 느끼는 감각

움직임을 나타내는 말 (동사)

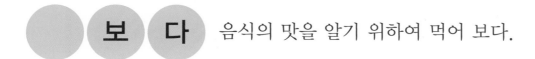 **보** **다** 음식의 맛을 알기 위하여 먹어 보다.

성질이나 상태를 꾸며 주는 말 (형용사)

나는 밥을 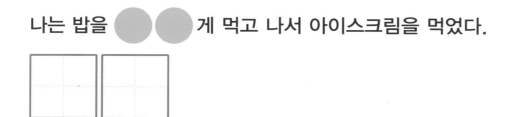게 먹고 나서 아이스크림을 먹었다.

맛있다 : 음식의 맛이 좋다.

모양을 흉내 내는 말 (의태어)

미역무침은 ⬤⬤⬤ ⬤ 해서 젓가락으로 집기 힘들다.

미끌미끌 : 몹시 미끄러운 모양

속담

쓰다 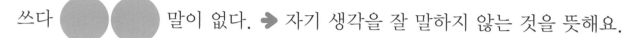 말이 없다. ➜ 자기 생각을 잘 말하지 않는 것을 뜻해요.

옆집 동생은 항상 쓰다 ⬤ ⬤ 말 없이 얌전하다.

습관적으로 쓰는 말 (관용어)

⬤ 을 들이다. ➜ 좋아하거나 즐기다.

나는 최근 선인장 키우기에 ⬤ 을 들였다.

여러 가지 뜻을 가진 낱말 (다의어)

거울을 보며
머리를 빗었다. •

• 눈으로 무엇이 있는지, 겉모습은 어떤지를 알다.

• 음식 맛을 알기 위하여 조금 먹다.

• 내용이나 상태를 알기 위해 살피다.

'안'을 사용하여 밑줄 친 부분을 고쳐 써 보세요. (문법-부정 표현)

"냄비가 뜨거우니까 잡으면 돼."

➜

오늘 한자

문(文) : 글, 글자를 뜻하고 **문**이라고 읽어요.

4주

한눈에 보는

하루

아침 점심 저녁 낮 밤 새벽 일출 일몰 노을

밤새 한밤중 종일 하루 이틀 사흘 나흘 닷새

아침	날이 새면서 6시간 정도 지난 동안
점심	낮 12시부터 3시쯤까지로, 하루 중에 해가 가장 높이 떠 있는 때
저녁	해가 질 무렵부터 밤이 되기까지의 사이
하루	한 낮과 한 밤이 지나는 동안
일출	해가 뜸
일몰	해가 짐

하루를 나타내는 말을 알아봅시다. (동사)

살다	일어나다	자다	눕다	이르다
보내다	지다	지새우다	뜨다	재우다

일어나다 누웠다가 앉거나, 앉았다가 서다.

이르다 어떤 시간에 닿다.

지다 해나 달이 서쪽으로 넘어가다.

지새우다 한숨도 자지 않고 밤을 지내다.

뜨다 감았던 눈을 벌리다.

재우다 눈을 감기고 한동안 자게 하다.

 낮과 밤은 각각 어떤 일을 하는지 따라 써 보세요.

살다

일어나다

자다

눕다

지다

보내다

하루의 성질이나 상태를 꾸며 주는 말을 알아봅시다. (형용사)

어둡다 빛이 없어 밝지 않다.

바쁘다 일이 많거나 서둘러서 해야 할 일이 있어서 여유가 없다.

한가하다 여유가 있다.

가뿐하다 몸의 상태나 마음이 가볍고 상쾌하다.

평범하다 뛰어나거나 색다른 점이 없이 보통이다.

특별하다 보통과 차이 나게 다르다.

 어떤 말이 들어가야 할까요?

한가   특별   어두   바쁘

• 가로등이 켜지자 　　　　　　　웠던 골목이 환해졌다.

• 나는 숙제를 다 해서 　　　　　　　하다.

• 하루를 　　　　　　　게 보내서 보람차다.

• 오늘은 나에게 아주 　　　　　　　한 날이다.

한 문장 독해 _ 한 문장으로 된 글을 읽고, 물음에 답하세요.

> 나는 아침에 일찍 일어나서 일출을 보았다.

1. 나는 일찍 일어나서 무엇을 봤는지 쓰세요.

....

> 형은 밤을 지새우며 공부해서 피곤해 보였어요.

2. 형은 밤을 지새우며 무엇을 했나요?

> 게임 / 독서 / 공부

> 저녁을 먹기에는 이른 시간이라 산책을 했다.

3. 저녁을 먹지 않고 무엇을 했나요?

> 공을 찼다. / 달리기를 했다. / 산책을 했다.

두 문장 독해 _ 두 문장으로 된 글을 읽고, 물음에 답하세요.

> 오늘은 공부를 다 하고, 엄마와 함께 청소와 요리를 했다.
> 그래서인지 다른 날보다 바쁘게 보낸 것 같다.

1. 엄마와 무엇을 했는지 쓰세요.

> "형이 먼저 일어나면 나도 깨워 줘."
> "그래. 얼른 푹 자."

2. 나는 형에게 무엇을 부탁했나요?

> 깨워 줘. / 재워 줘. / 보내 줘. / 눕혀 줘.

> 아빠와 나는 일찍 일어나 새벽에 운동한다.
> 엄마와 누나는 어두워진 저녁에 운동한다.

3. 엄마와 누나는 언제 운동을 하나요?

> 새벽에 한다.
> 아침에 한다.
> 저녁에 한다.

세 문장 독해 _ 세 문장으로 된 글을 읽고, 물음에 답하세요.

나는 가족과 해가 질 때 산책을 했다.
오늘따라 노을이 정말 예뻐서 모두 감탄했다.
노을은 빨강, 주황, 노랑, 금빛이 모두 섞여서 무지개만큼 화려했다.

1. 가족과 무엇을 했나요?

....

2. 무엇을 보고 감탄했나요?

....

3. 노을은 무엇만큼 화려했나요?

....

모양을 흉내 내는 말 (의태어)

- 해가 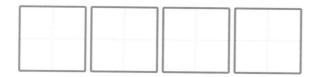 지고, 하루가 끝나가고 있다.

뉘엿뉘엿 : 해가 곧 지려고 산이나 지평선 너머로 조금씩 넘어가는 모양

- 캄캄한 방 안으로 희미한 달빛이 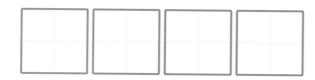 들어왔어요.

어슴푸레 : 빛이 약하거나 멀어서 어둑하고 희미한 모양

- 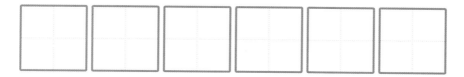 하다가 하루가 다 가 버렸다.

꼼지락꼼지락 : 몸을 계속 천천히 조금씩 움직이는 모양

- 해는 어느새 산 너머로 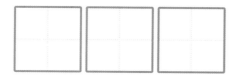 넘어가고 노을이 졌다.

스르륵 : 어떤 것이 한쪽으로 기울어지면서 시원스럽게 넘어가는 모양

칠 년 가뭄에 하루 쓸 날 없다.

우연한 이유로 일을 못 하게 되는 것을 말해요.

가뭄 : 오랫동안 계속하여 비가 내리지 않아 메마른 날씨

칠 년 가뭄에
하루 쓸 날 없다더니,
하필 소풍 가는 날에
비가 오네!

새벽달 보자고 초저녁부터 기다린다.

일을 너무 서두르는 것을 뜻해요.

준비중

새벽달 보자고
초저녁부터 기다렸네.
너무 일찍 도착했어!

하루 _ 관계있는 습관적으로 쓰는 말 (관용어)

낮과 밤이 따로 없다.

쉬지 않고 계속하다.

나는 게임할 때
낮과 밤이
따로 없다.

하루에도 열두 번

매우 자주

누나는 하루에도 열두 번
거울을 본다.

헷갈리기 쉬운 낱말 (맞춤법)

  고르게 섞이도록 손이나 기구를 사용해 이리저리 돌리다.

 물이 배어 축축하게 되다.

 ## 잘못 쓰기 쉬운 낱말 (맞춤법)

 개다   흐리거나 궂은 날씨가 맑아지다.

개다 갠 ⭕   개이다 개인 ❌

- '젓다'와 '젖다'를 구분해 알맞은 말에 동그라미 해 보세요.

  언니는 국에 간장을 조금 넣고   젖었다   저었다   .

  비가 와서 옷이 다   저었다   젖었다   .

- 바르게 쓴 말에 동그라미 하세요.

  비가   갠   개인   하늘에 무지개가 떴다.

시간을 나타내는 말을 사용해서 문장을 완성해 보세요. (문법-시제)

아직   벌써   곧   나중에

아직 : 때가 되지 못했거나, 끝나지 않고 계속되고 있을 때를 이르는 말

벌써 : 생각한 것보다 빠를 때

곧 : 목표한 시간에 가까울 때

나중에 : 얼마의 시간이 지난 뒤

"영화가 (   ) 시작하니, 얼른 들어가서 앉자."

➜

......

"6시밖에 안 됐는데 (   ) 일어났어?"

➜

......

"누나랑 저녁밥을 같이 먹으려고 나도 (   ) 안 먹었어."

➜

......

"숙제는 (   ) 하고, 병원부터 다녀오자."

➜

......

다음 글을 읽고, 물음에 답하세요.

> "참, 신데렐라야. 한 가지 잊지 말아야 할 것이 있단다. 12시가 되면 마법이 풀리니까, 꼭 그 전에 돌아와야 해."
>
> 아름다운 드레스를 입고, 반짝반짝 유리 구두를 신은 신데렐라는 왕자님과 즐겁게 지냈어요.
>
> "댕! 댕! 댕! 댕…!"
>
> 어느새 커다란 괘종시계가 12시를 알렸어요.
>
> "어머나, 시간이 벌써 이렇게 되었네. 죄송해요. 전 이만 가 봐야 한답니다."
>
> 신데렐라는 뒤도 돌아보지 않고 뛰어갔어요.

신데렐라가 잊지 말아야 할 것은 무엇인가요?

① 왕자님을 만났어요.

② 유리 구두를 신었어요.

③ 아름다운 드레스를 입었어요.

④ 12시가 되면 마법이 풀려요.

 신데렐라는 괘종시계가 12시를 알리자 어떻게 했나요?

① 뒤도 돌아보지 않고 뛰어갔어요.

② 왕자님과 춤을 췄어요.

③ 마법사 할머니를 만났어요.

④ 노래를 불렀어요.

 '작은 종이나 그릇의 쇠붙이를 두드리는 소리'를 어떻게 나타냈나요?

" ●! ●! ●! ●…!"

어느새 커다란 종 시계가 12시를 알렸어요.

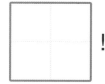 !  !  ! 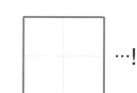 …!

다음 글을 읽고, 물음에 답하세요.

독일의 **철학자** 칸트는 매일 자신이 정한 규칙을 철저히 지키며 하루를 보냈습니다.

새벽 5시에 일어나 차를 마시고, 아침 7시에 강의를 하며, 9시에는 글을 썼습니다.

오후 1시에 식사를 하고, 3시가 되면 산책을 위해 문을 나섰어요.

이웃들은 시계가 3시를 가리키는데도 칸트가 문을 나서지 않으면, 시계를 고쳤을 정도로 칸트는 규칙적이었습니다.

그리고 보리수나무 길을 지날 때가 정확히 오후 3시 30분이었다고 합니다.

철학자 : 인간의 삶에 대한 의미, 목적을 전문적으로 연구하는 사람을 말해요.

독일의 철학자 칸트가 매일 지킨 것은 무엇인가요?

① 이웃들의 규칙 ② 남이 정한 규칙

③ 자신이 정한 규칙 ④ 마을의 규칙

4주
4일

 칸트의 규칙이 <u>아닌</u> 것은 무엇인가요?

① 3시 30분에 보리수나무 길 지나기

② 새벽 5시에 글 쓰기

③ 오후 1시에 식사하기

④ 3시에 산책을 위해 문 나서기

 칸트가 보리수나무 길을 몇 시에 지나가는지 시곗바늘을 그려 넣어 보세요.

보리수나무 길을 지날 때가 정확히 오후 3시 30분이었다고 합니다.

일(日)   날을 뜻하고 **일**이라고 읽어요.

 다음 낱말을 큰 소리로 읽어 보세요.

생일 일요일 종일
매일 일기

이 글자는 태양을 그린 모양이에요.

모양	뜻	소리
日	날	일

쓰는 순서와 쓰기

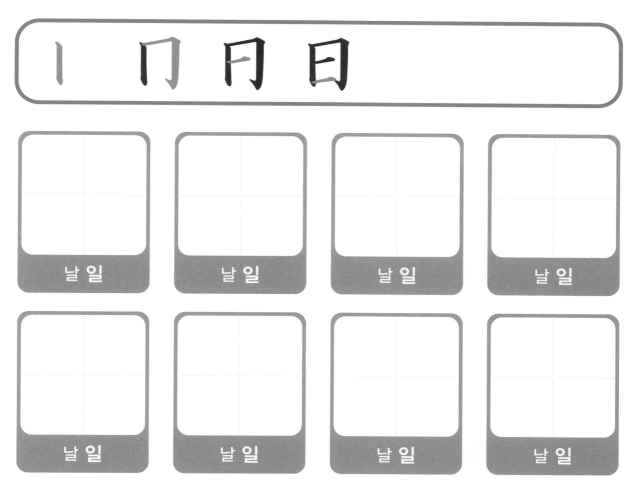

낱말에 일(日)이 숨어 있으면 그 낱말에는 '날'의 뜻이 들어 있어요.

낱말에 똑같이 들어 있는 글자에 동그라미 하세요.

낱말에 숨어 있는 같은 한자에 동그라미 하세요.

생일

생日
세상에 태어난 날

일요일

日요日
월요일을 시작으로 한 주의 마지막 날

종일

종日
아침부터 저녁까지 내내

매일

매日
각각의 나날

일기

日기
날마다 그날그날 겪은 일이나 생각,
느낌을 적는 나만의 기록

공통 글자는 무엇인지 써 보세요.

공통 한자는 무엇인지 써 보세요.

날 일(日)이 숨어 있는 낱말에 동그라미 하고 써 보세요. (5개)

오늘은 내 생일이었다. 일요일이라서 친구들과 종일 놀았다. 즐겁게 하루를 보내고 나니, 오늘뿐만 아니라 매일 내 생일이라면 얼마나 좋을까? 하는 엉뚱한 생각도 해 보았다. 일기를 쓰는 지금도 행복한 기분이 남아 있는 것 같다.

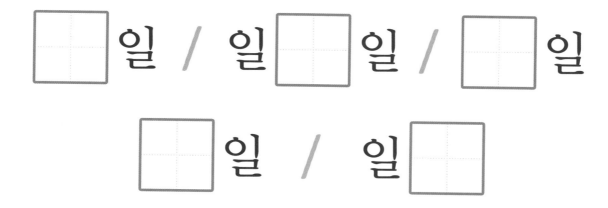

일 / 일 일 / 일

일 / 일

기본 낱말 다시 배우기 (명사)

 **하** ◯   한 낮과 한 밤이 지나는 동안

움직임을 나타내는 말 (동사)

 ◯ **다**   해나 달이 서쪽으로 넘어가다.

성질이나 상태를 꾸며 주는 말 (형용사)

가로등이 켜지자  ◯◯ 웠던 골목이 환해졌다.

☐ ☐

어둡다 : 빛이 없어 밝지 않다.

모양을 흉내 내는 말 (의태어)

해는 어느새 산 너머로 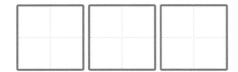 ◯◯◯ 넘어가고 노을이 졌다.

☐ ☐ ☐

스르륵 : 어떤 것이 한쪽으로 기울어지면서 시원스럽게 넘어가는 모양

104

속담

칠 년 가뭄에  쓸 날 없다. ➔ 우연한 이유로 일을 못 하게 되는 것을 말해요.

칠 년 가뭄에 쓸 날 없다더니, 하필 소풍 가는 날에 비가 오네!

습관적으로 쓰는 말 (관용어)

○ ○ 에도 열두 번 ➔ 매우 자주

누나는 ○ ○ 에도 열두 번 거울을 본다.

헷갈리기 쉬운 낱말과 잘못 쓰기 쉬운 낱말 (맞춤법)

비가 와서 옷이 다 [저었다] [젖었다] .

비가 [갠] [개인] 하늘에 무지개가 떴다.

시간을 나타내는 말을 사용해서 문장을 완성해 보세요. (문법-시제)

"6시밖에 안 됐는데 (   ) 일어났어?"

➔

오늘 한자

일(日) : 날을 뜻하고 **일**이라고 읽어요.

정답

1주

15p 어떤 말이 들어가야 할까요?
어리, 지혜, 정, 흐뭇

16p 한 문장 독해
1. 네 명   2. 키   3. 편안하게 해 주신다.

17p 두 문장 독해
1. 친척 형   2. 지혜로운 분
3. 눈이 많이 내리는 곳이다.

18p 세 문장 독해
1. 시골 삼촌 집   2. 캄캄하다.   3. 별

22p 비슷한 말과 반대말 (유의어와 반의어)

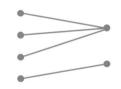

23p 밑줄 친 예사말을 높임말로 고쳐 써 보세요. (문법—높임말과 예사말)
"아빠, 과일 잡수세요."
할아버지께서 시골에서 오셨어요.
"오늘은 병원에 할머니를 모시고 가야 해."
엄마는 미용실에 가셨어요.

25p 한 문단 독해 1 (우화, 동화)
1. ①   2. ④
3. (막대기 3개)는 (막대기 1개)보다 큽니다.

(막대기 1개)는 (막대기 3개)보다 작습니다.

27p 한 문단 독해 2 (지식글)
1. ④   2. ①   3. 1인 가구, 핵가족, 대가족 제도

30p 낱말에 똑같이 들어 있는 글자에 동그라미 하세요.

30p 낱말에 숨어 있는 같은 한자에 동그라미 하세요.

31p 해 년(年)이 숨어 있는 낱말에 동그라미 하고 써 보세요. (5개)
연(세) (학)년 (소)년 (작)년 (천)년(만)년

확인 학습 32p ~ 33p

가, 라, 지혜, 종알종알, 부모, 부모, 눈, 눈,
모였다, 흩어졌다
할아버지께서 시골에서 오셨어요.
年, 年

106

확인 학습   56p ~ 57p

기, 비, 캄캄, 뽀드득뽀드득, 땅, 땅, 뜬구름, 뜬구름

번개가 나무를 쓰러뜨렸어요.
外, 外

정답

3주

63p 어떤 말이 들어가야 할까요?

쓰, 거칠, 매끄, 맛있

64p 한 문장 독해

1. 달콤한 과일   2. 쓴 감기약
3. 점심을 조금 먹었다.

65p 두 문장 독해

1. 매운 음식   2. 미역국
3. 혀가 얼얼한 느낌이 들었다.

66p 세 문장 독해

1. 단맛, 쓴맛, 짠맛, 신맛   2. 혀
3. 전체

70p 여러 가지 뜻을 가진 낱말 (다의어)

2, 1, 3

71p '안'을 사용하여 밑줄 친 부분을 고쳐 써 보세요. (문법-부정 표현)

"이 라면은 너무 매워서 안 먹고 싶어."
"냄비가 뜨거우니까 잡으면 안 돼."
솜사탕은 달콤하고 맛있지만, 건강에는 안 좋아요.
"그 사탕은 신맛이 나서 안 먹을래."

73p 한 문단 독해 1 (우화, 동화)

1. ③   2. ②   3. 번쩍번쩍

75p 한 문단 독해 2 (지식글)

1. ②   2. ①   3. 30

78p 낱말에 똑같이 들어 있는 글자에 동그라미 하세요.

문

78p 낱말에 숨어 있는 같은 한자에 동그라미 하세요.

文

79p 글월 문(文)이 숨어 있는 낱말에 동그라미 하고 써 보세요. (5개)

문(자) 문(장) 문(학) (주)문 문(화)

확인 학습 80p ~ 82p

미, 맛, 맛있, 미끌미끌, 달다, 달다, 맛, 맛

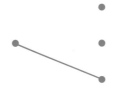

"냄비가 뜨거우니까 잡으면 안 돼."
文, 文

108

109